THIS BOOK BELONGS TO

____

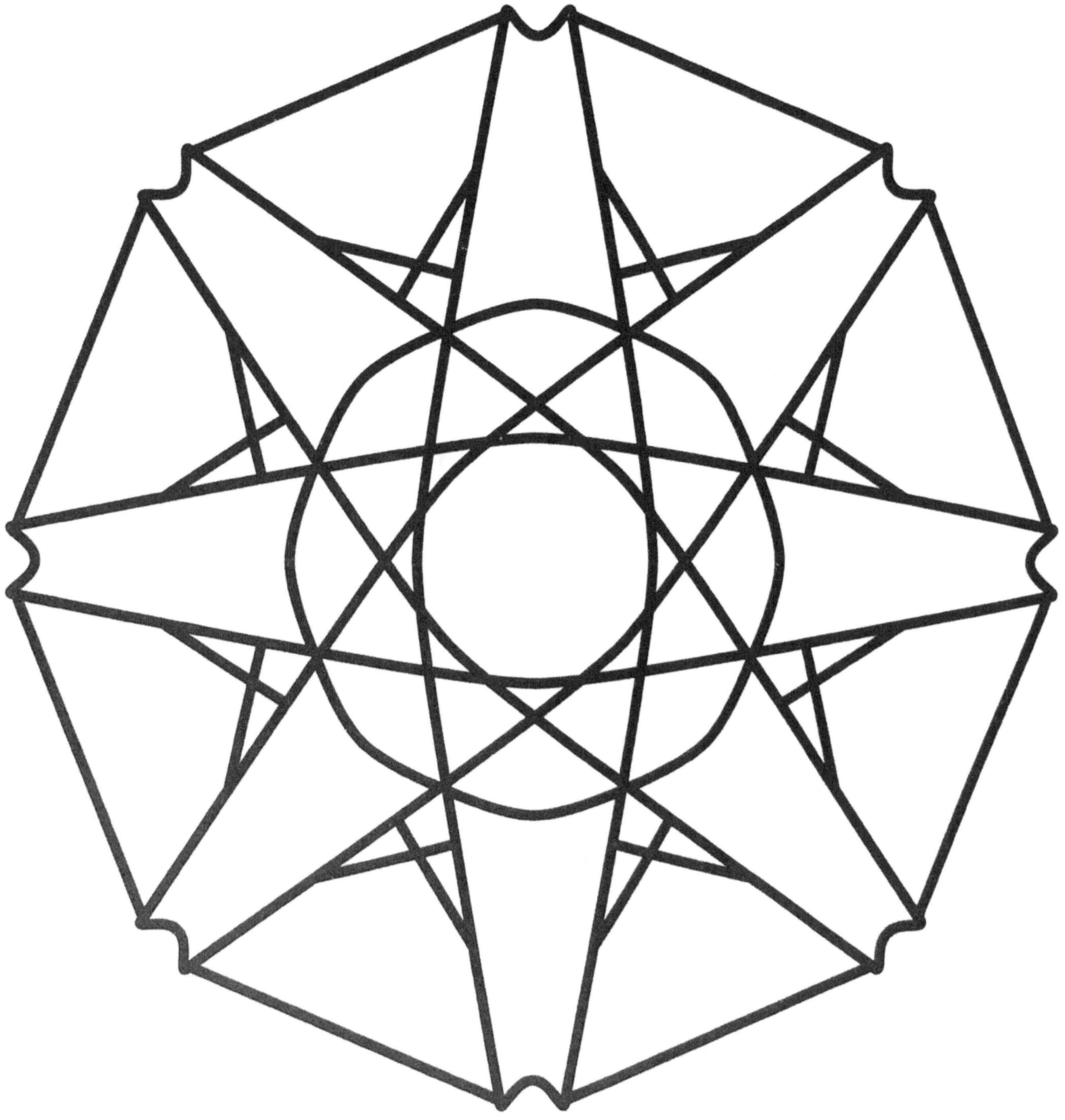

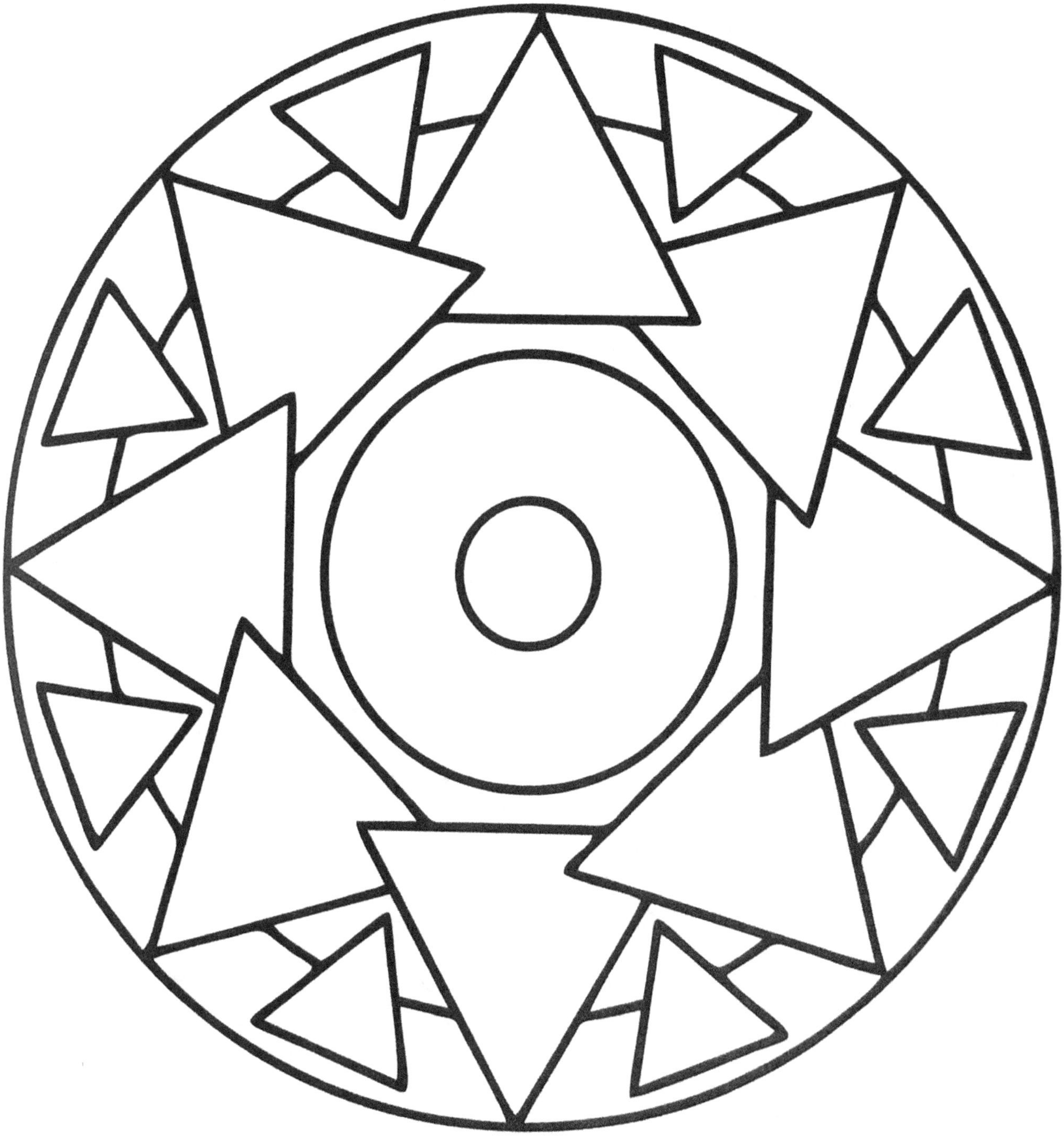

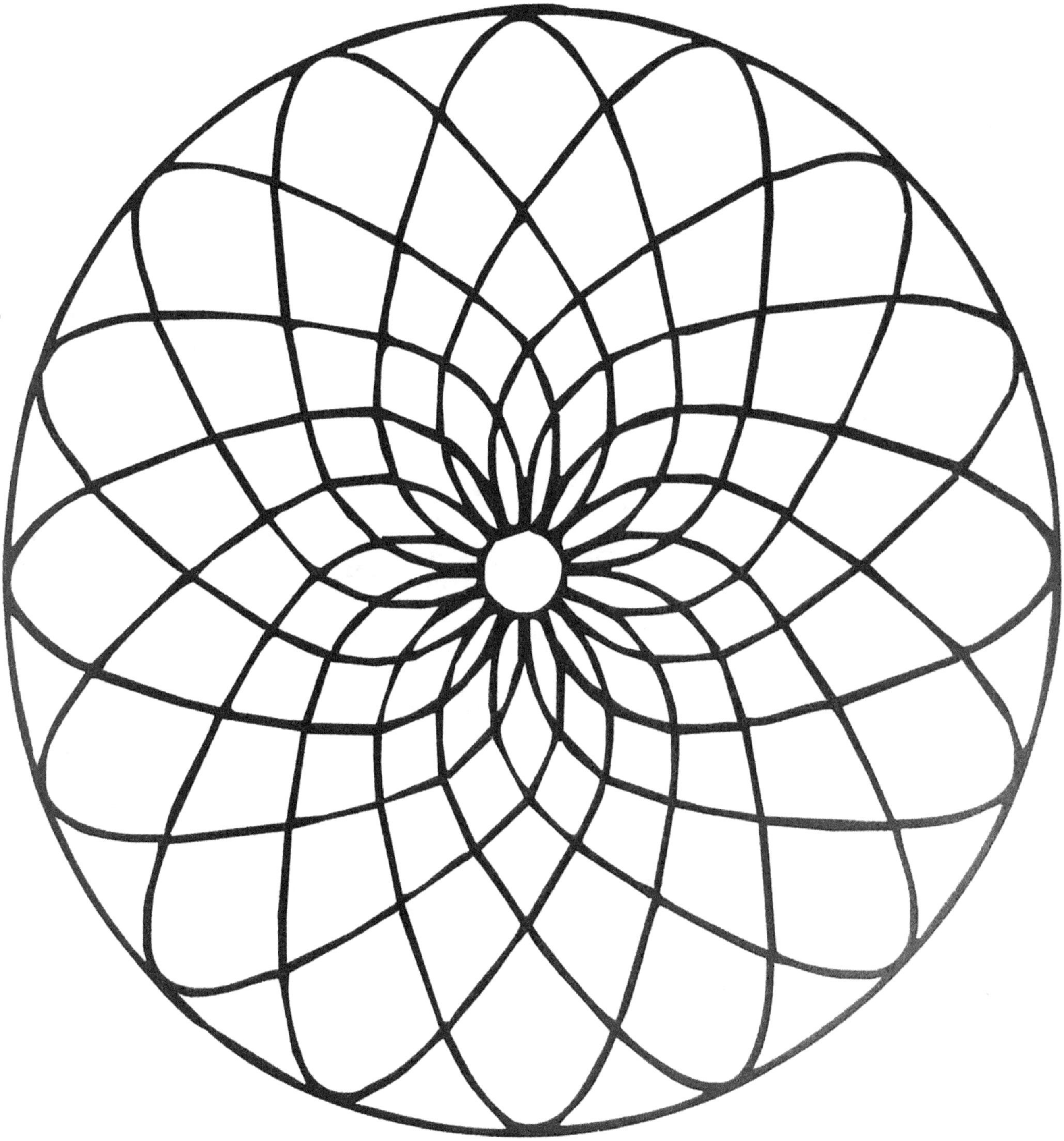

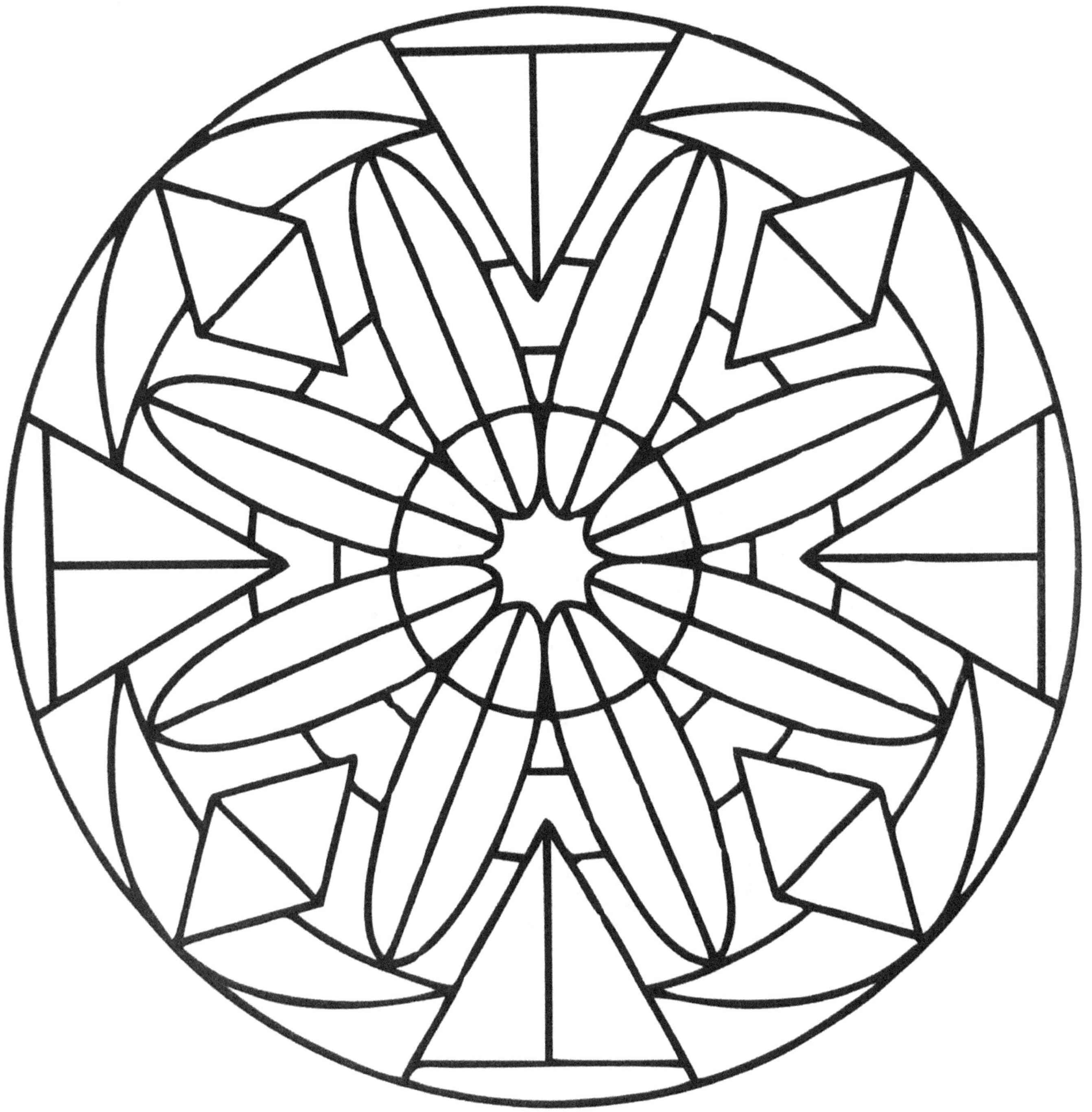

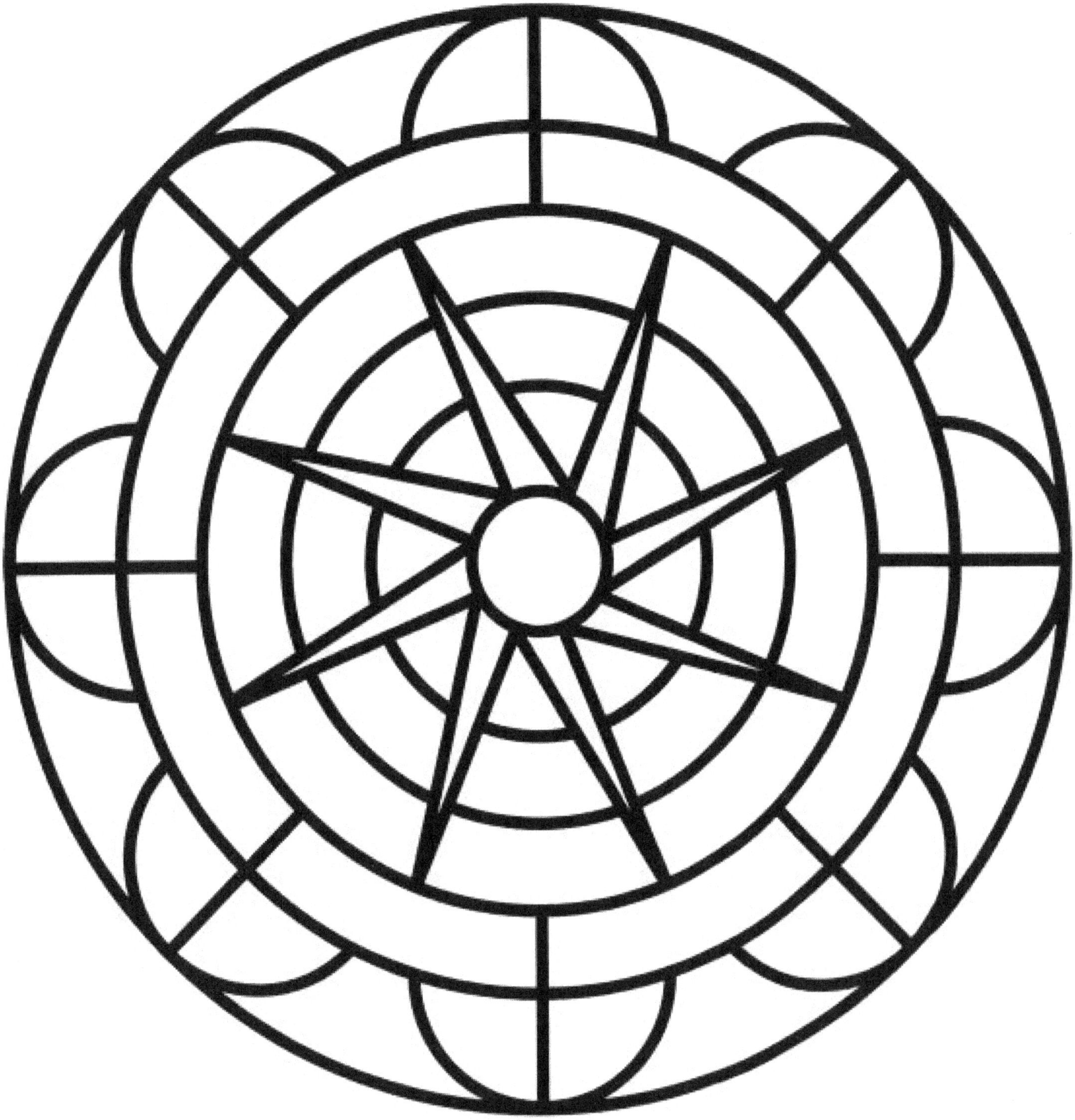

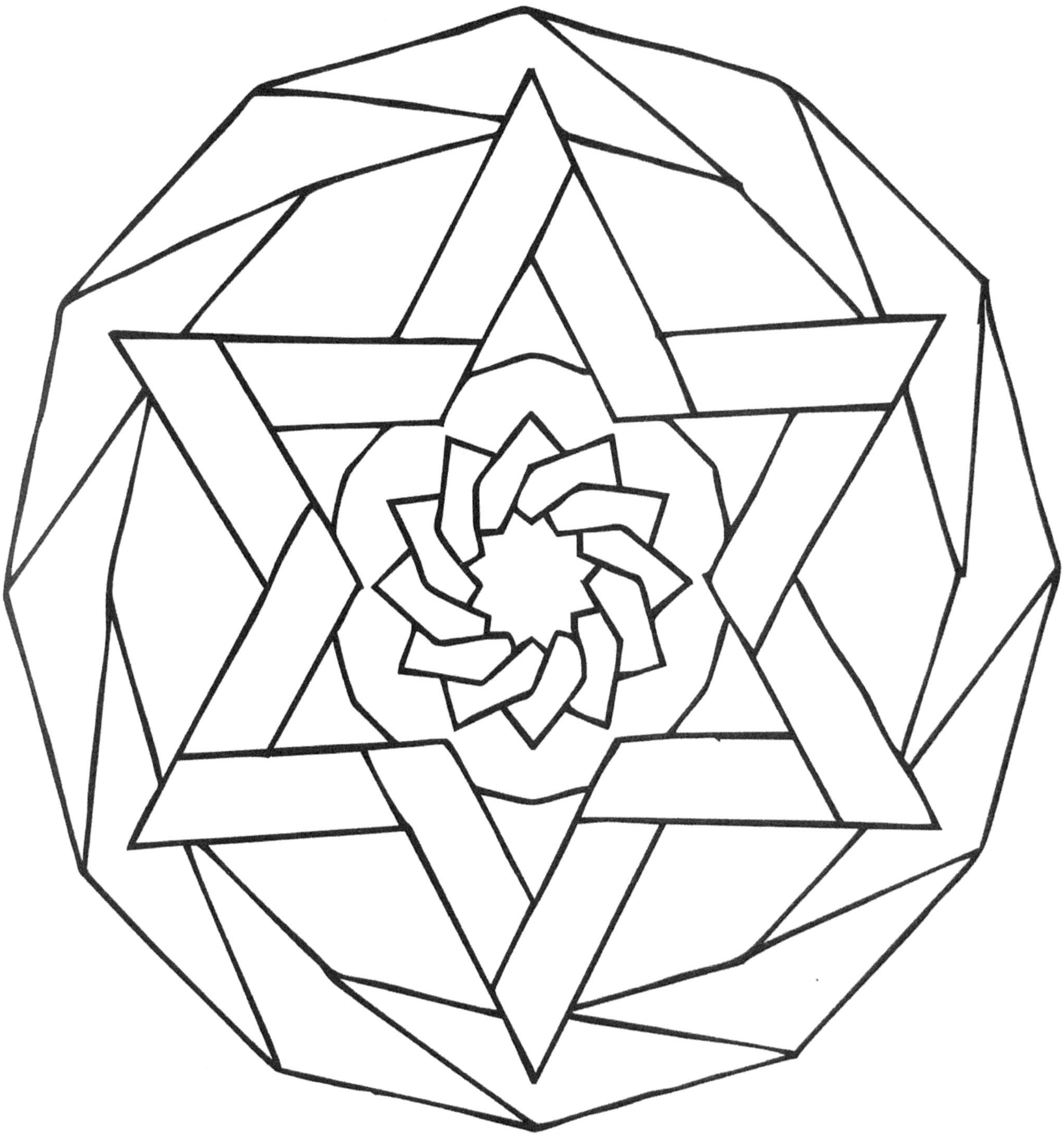

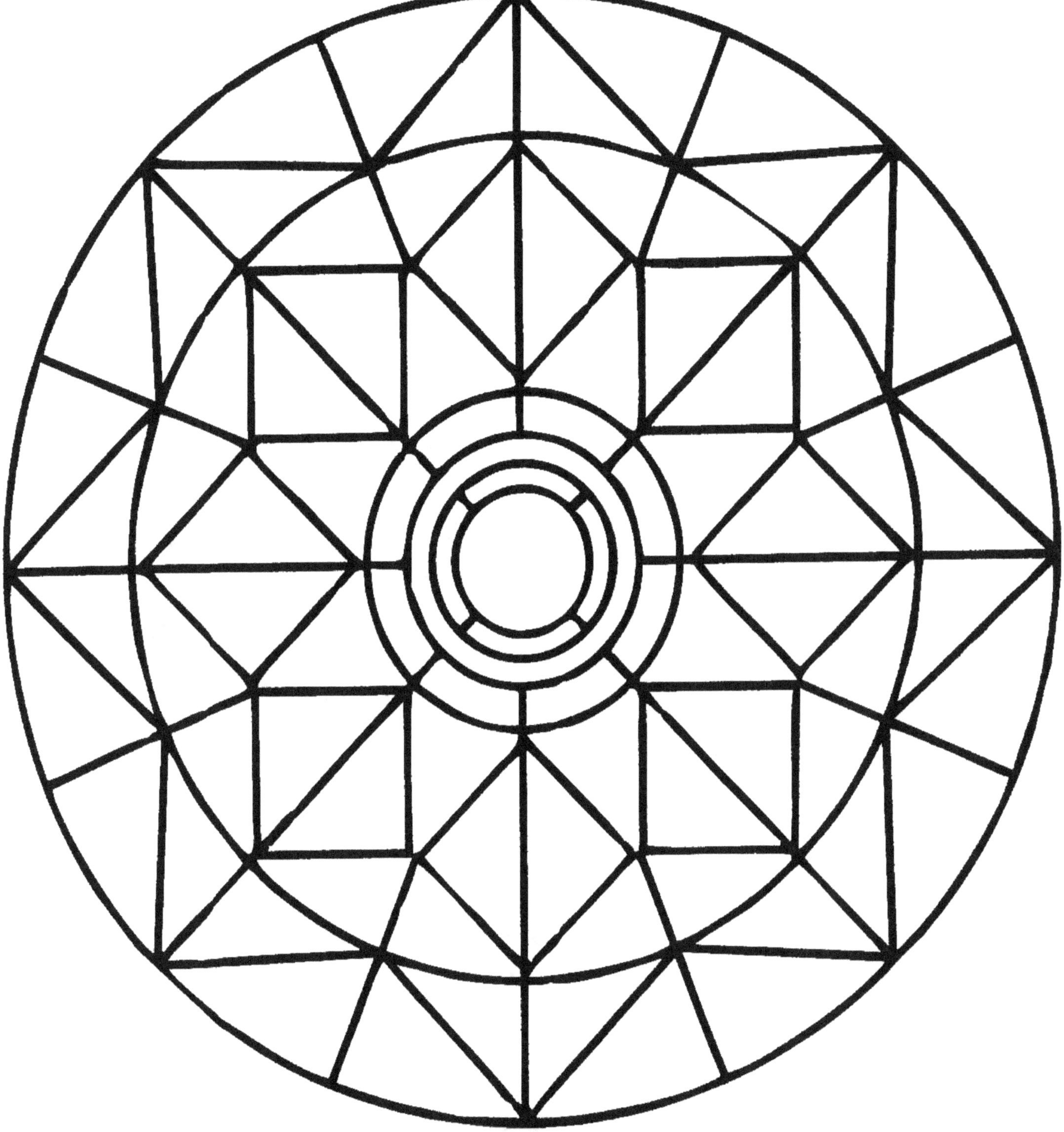

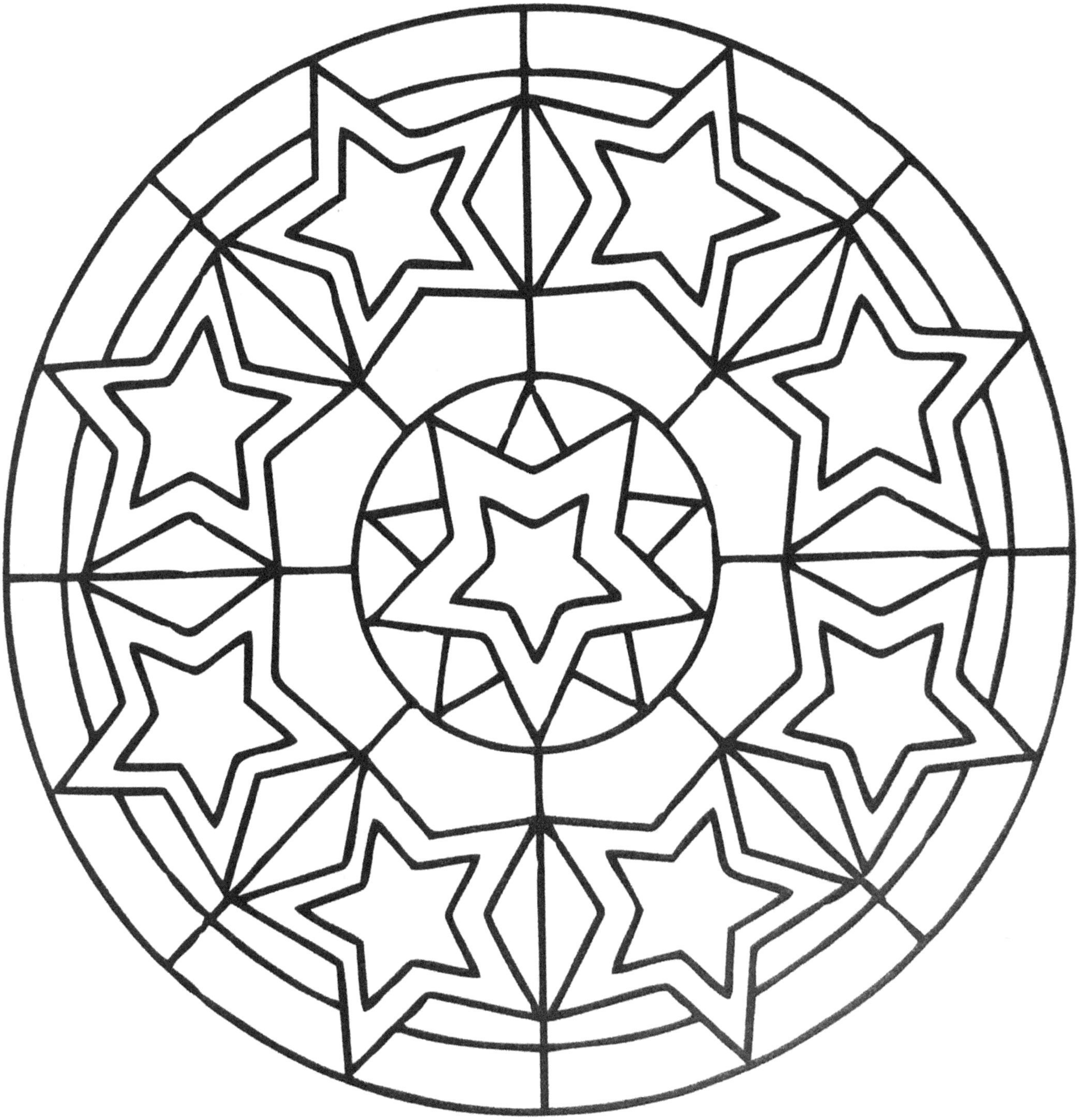

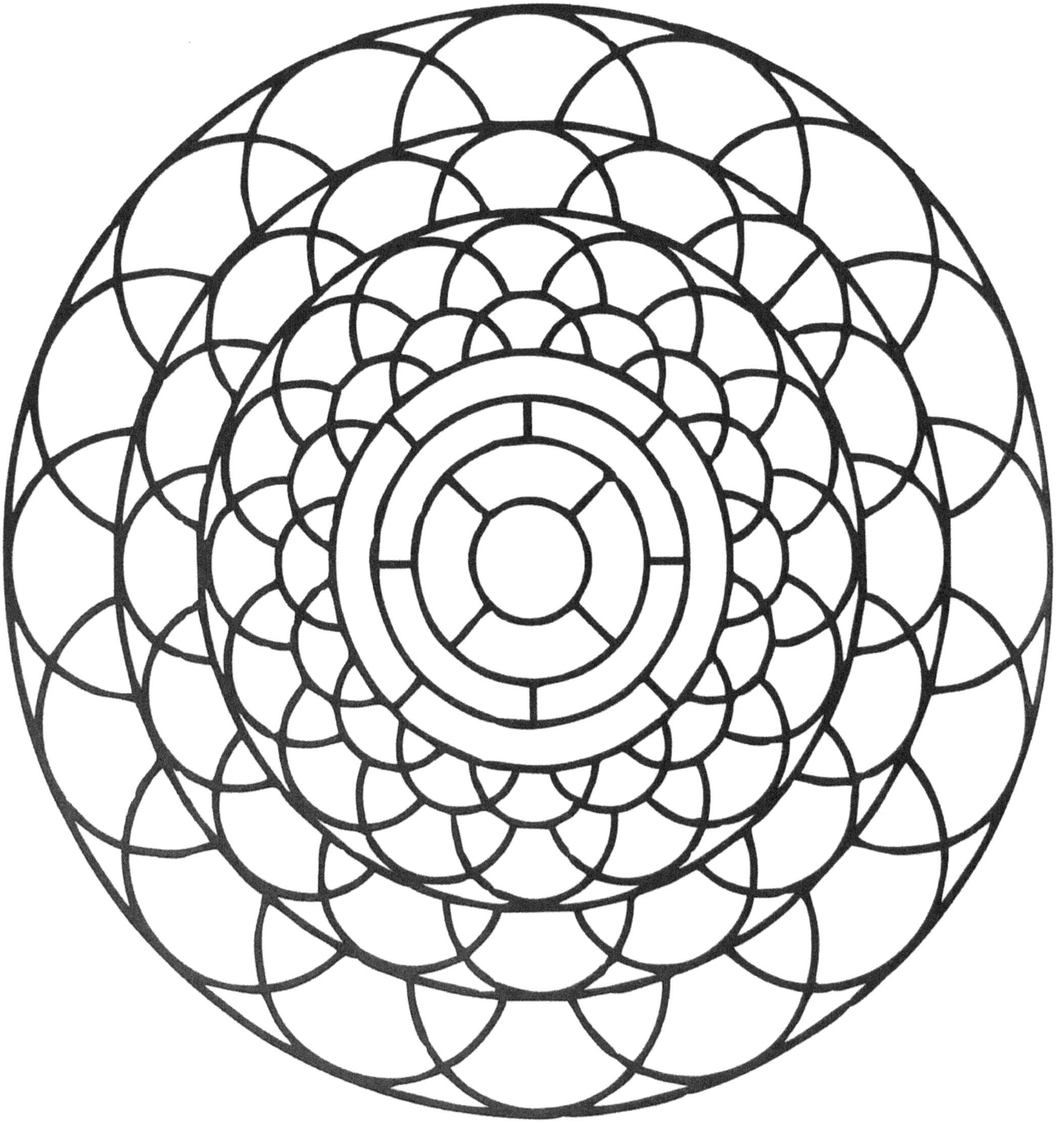

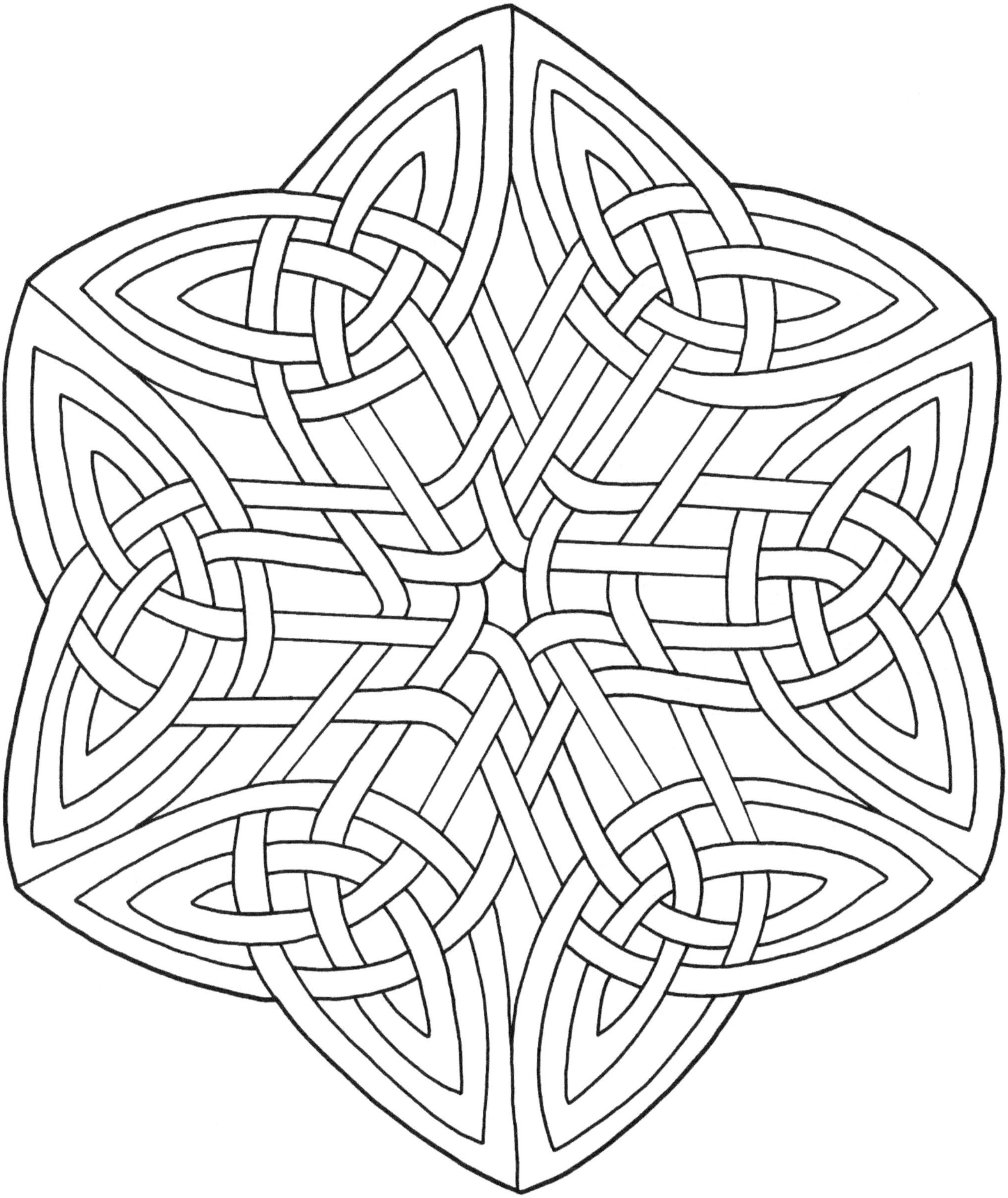

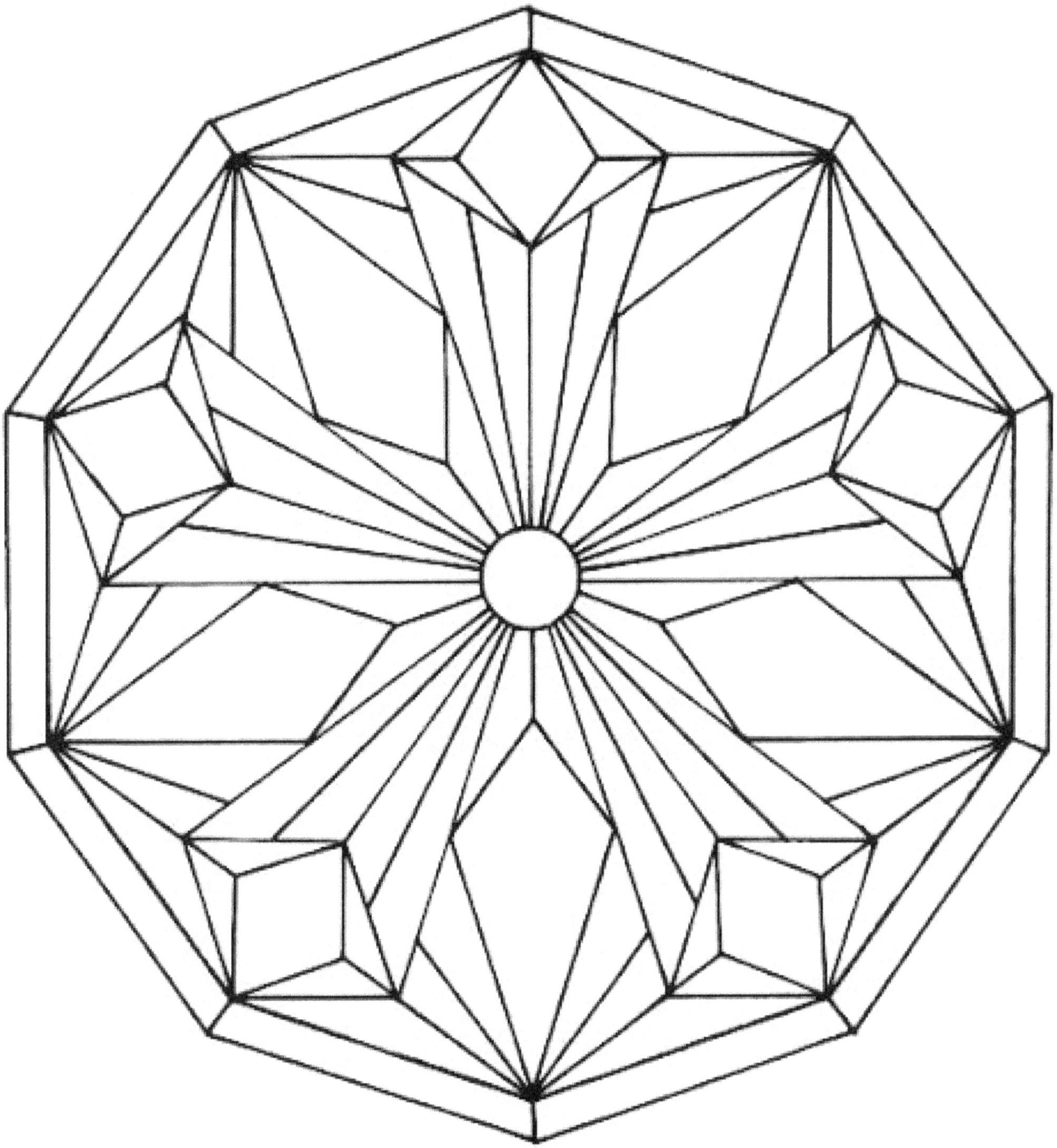

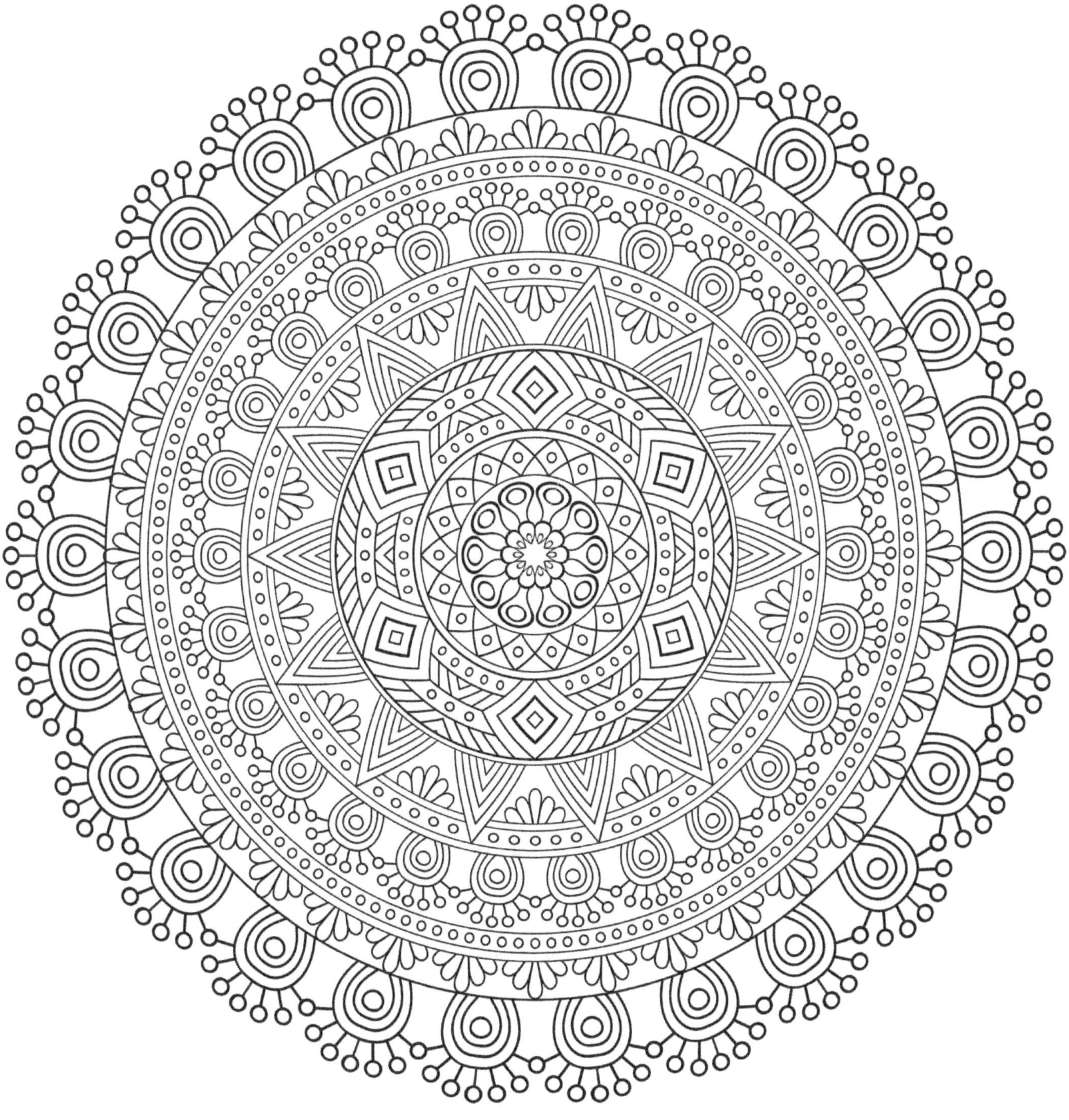

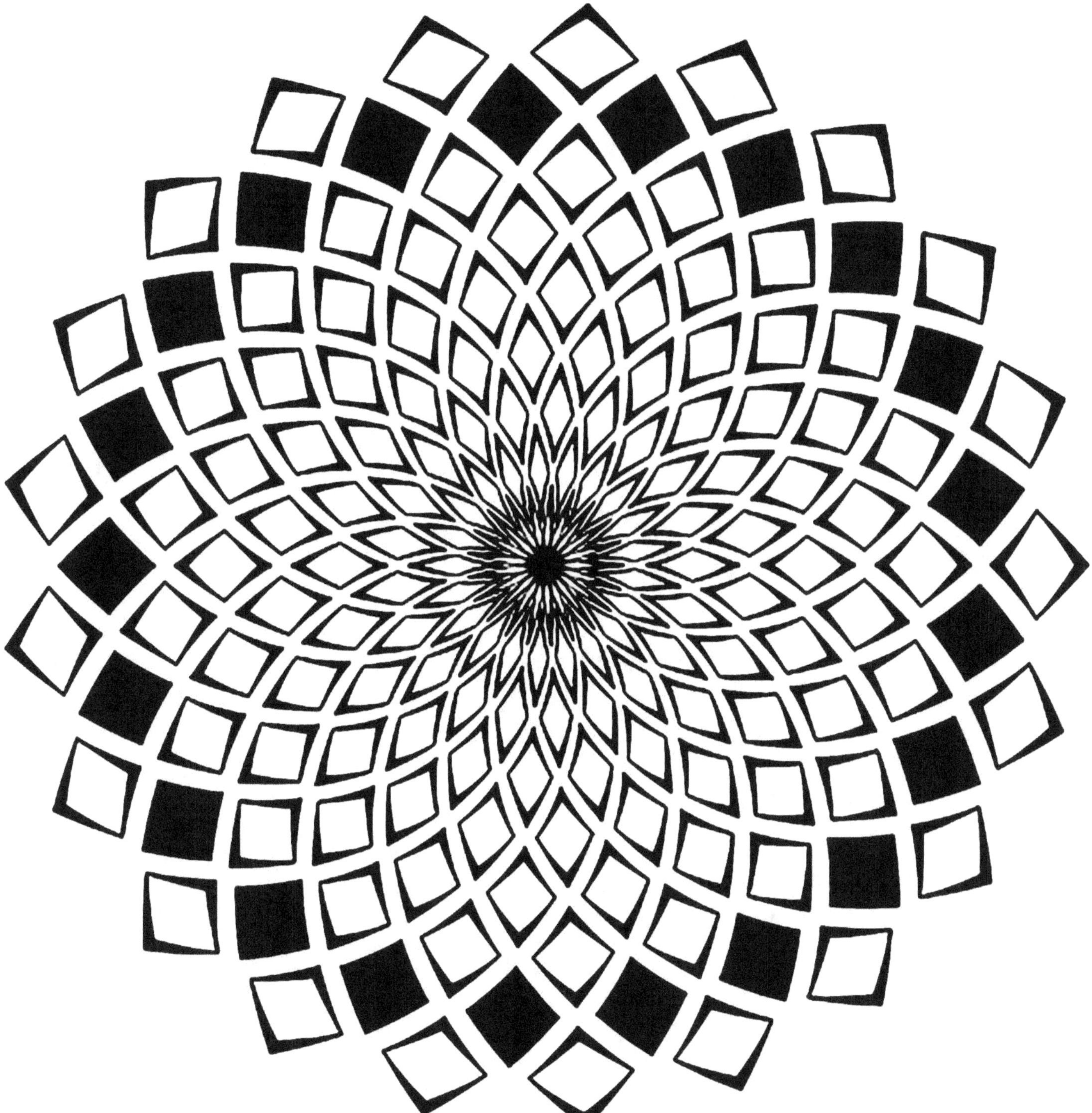

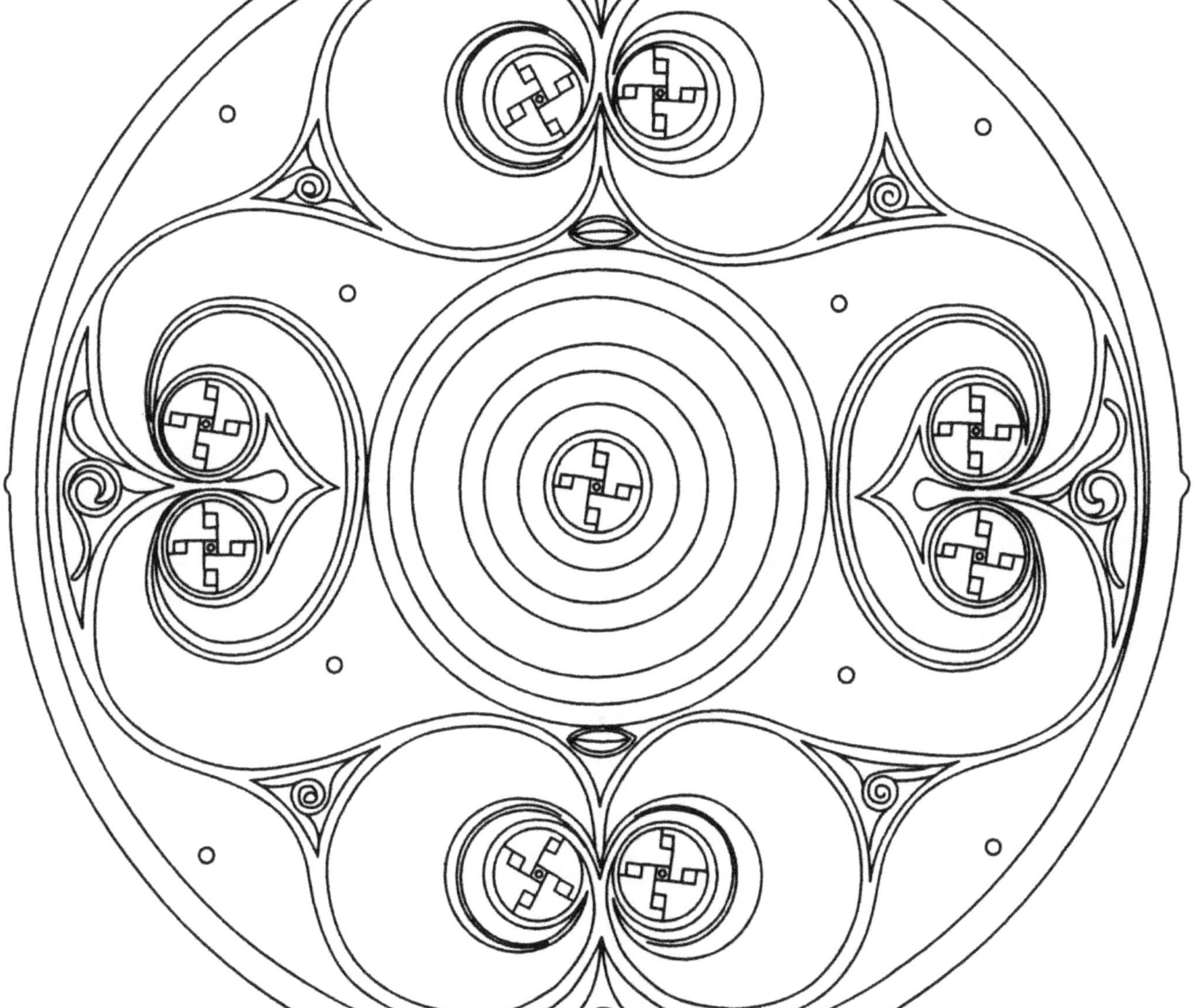

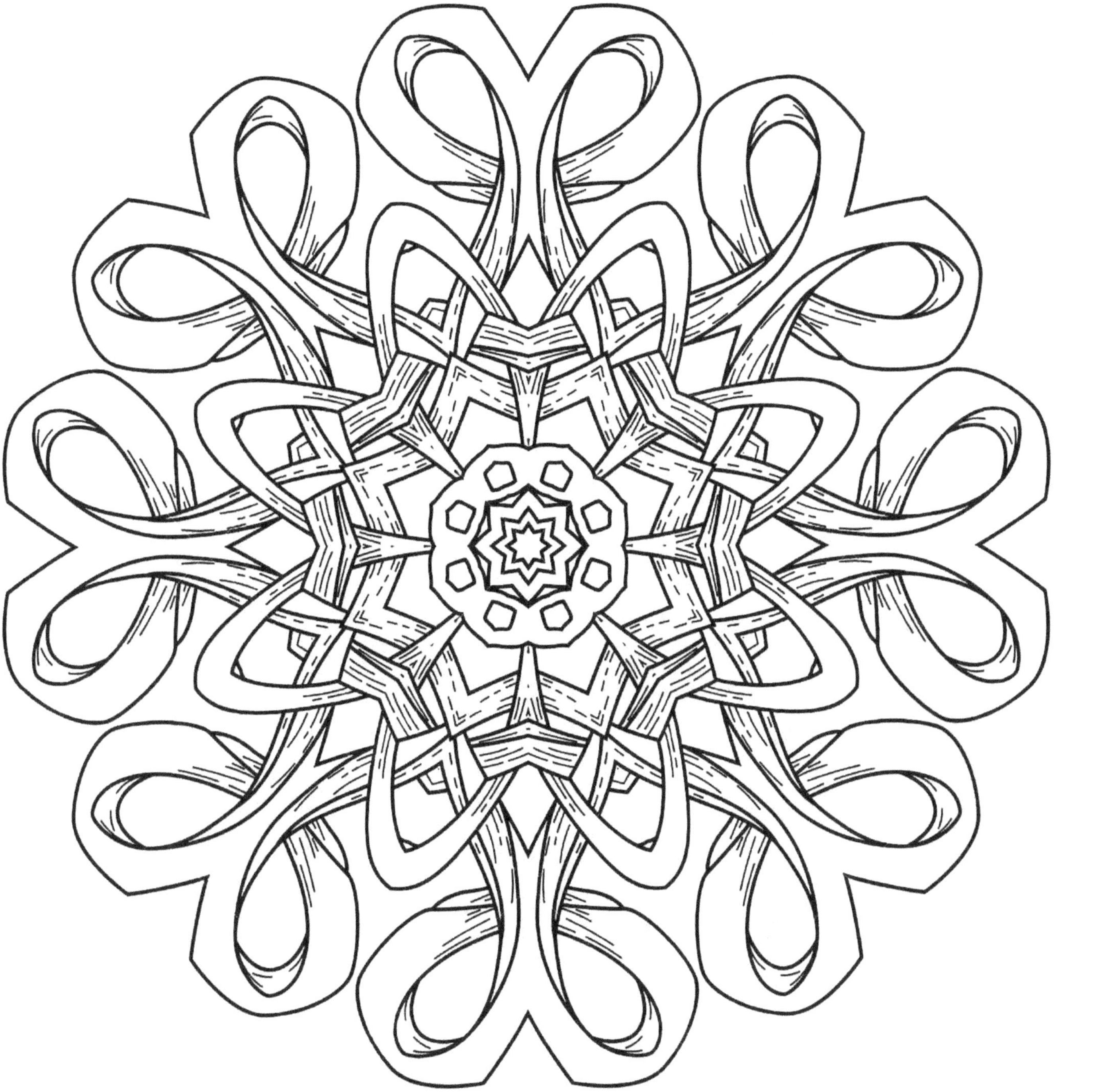

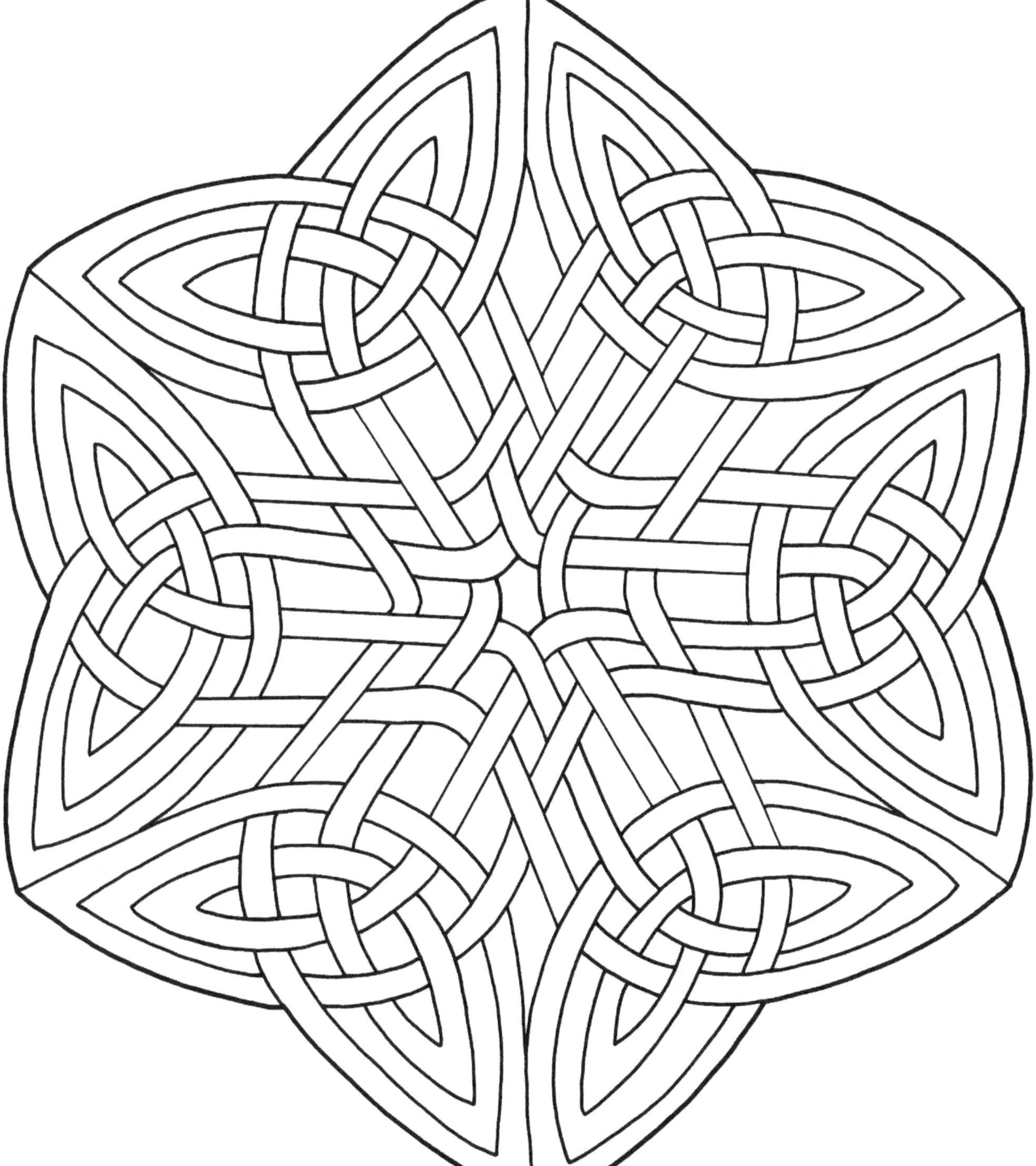

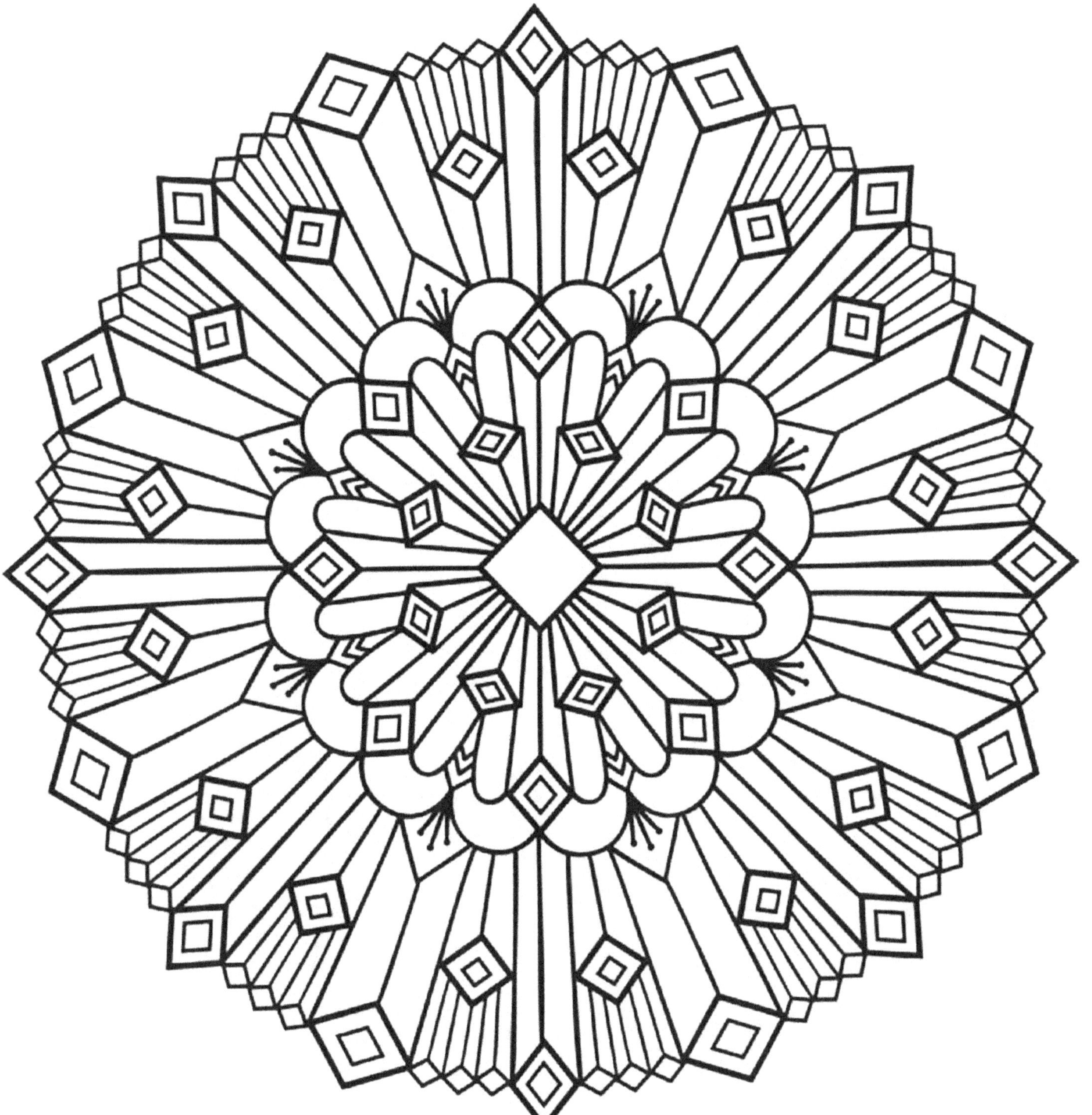

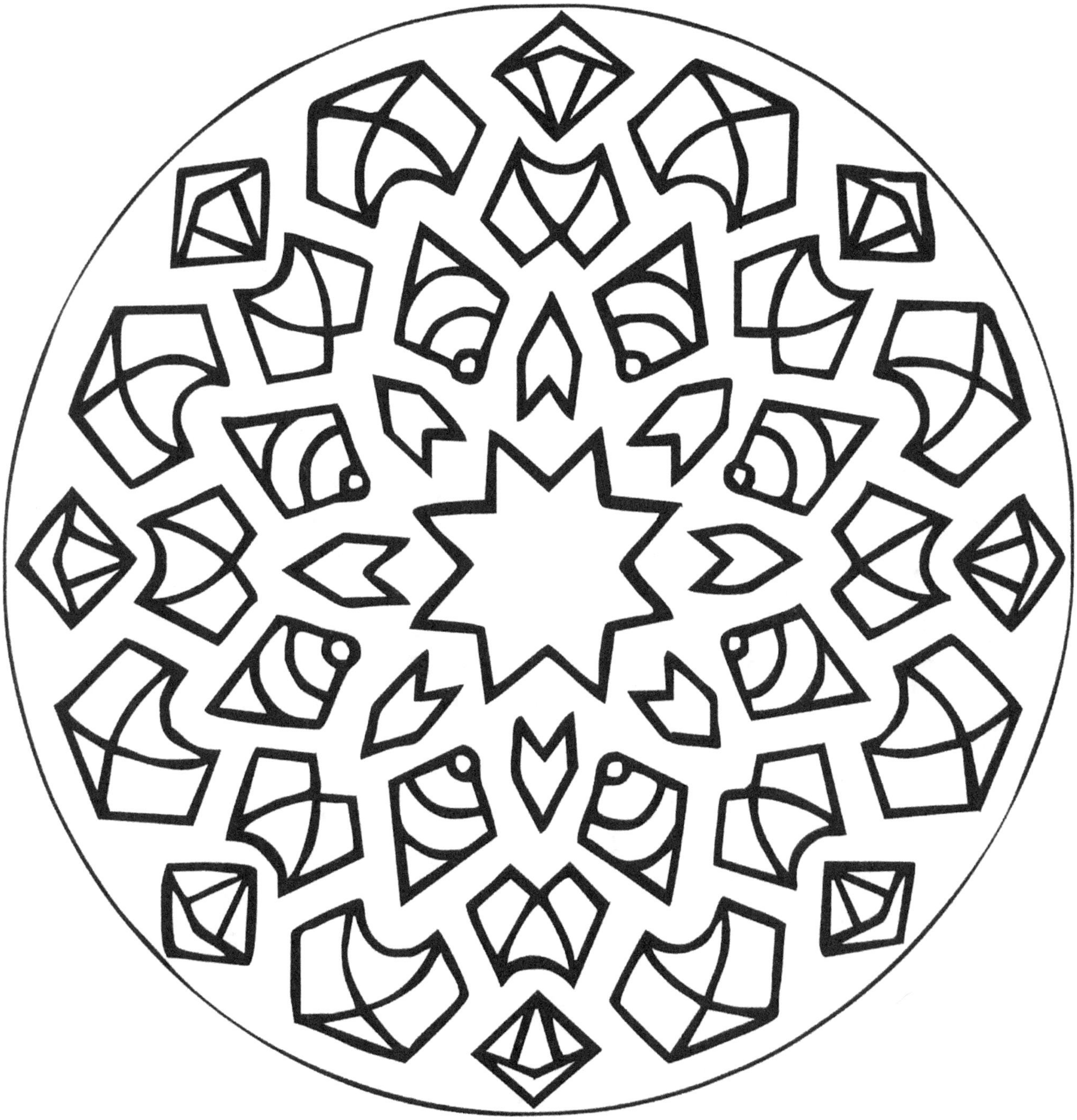

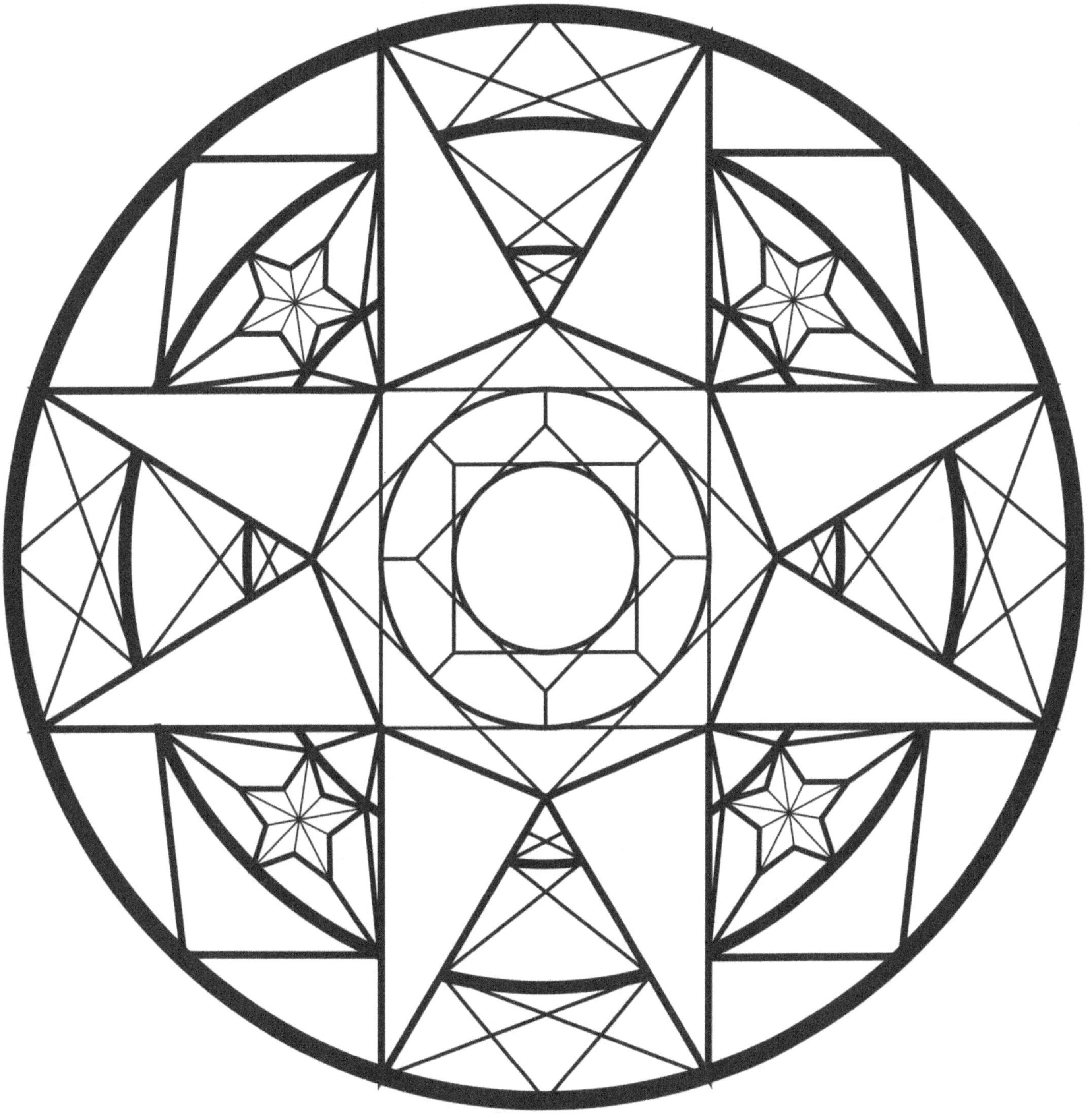

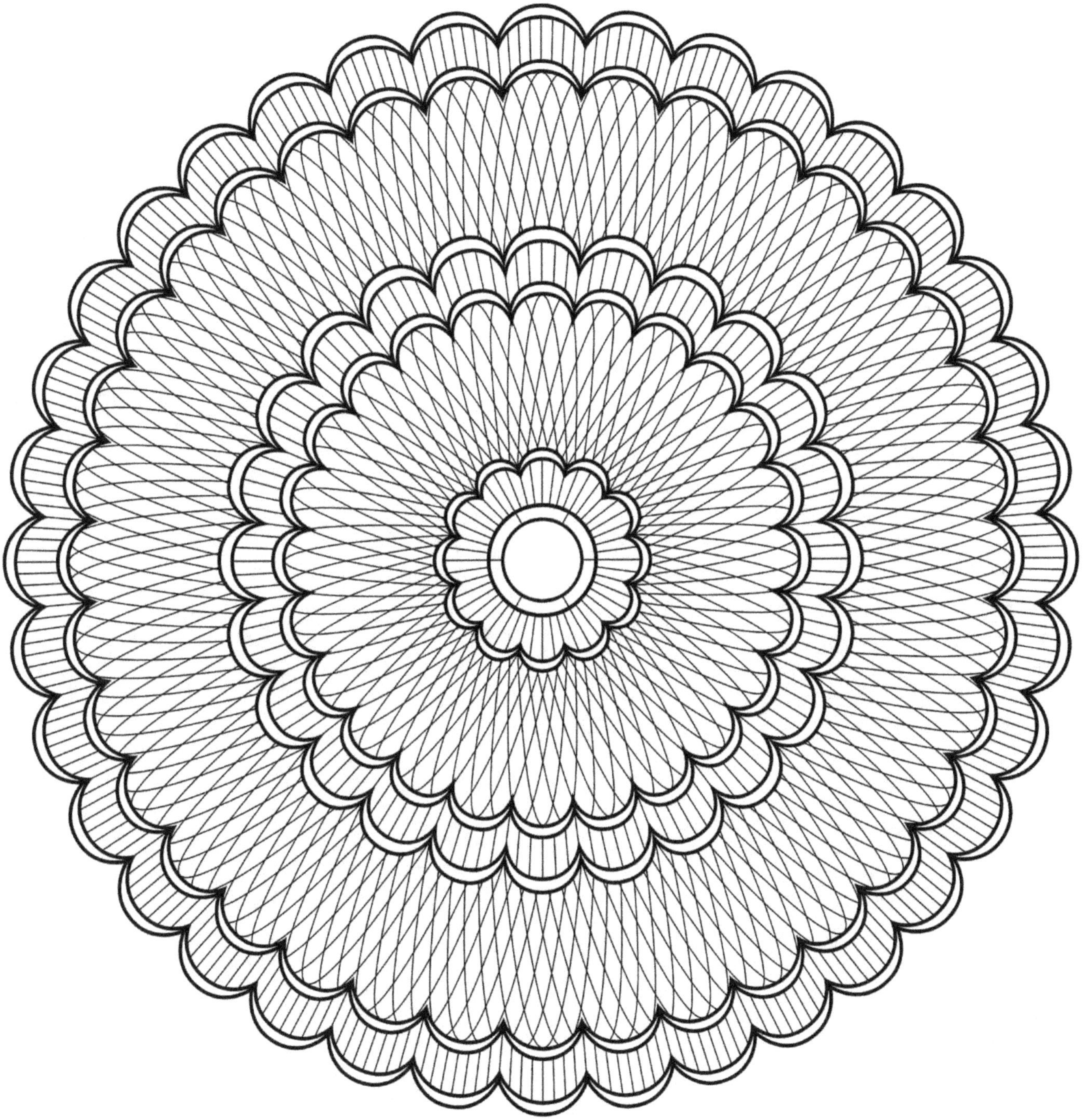

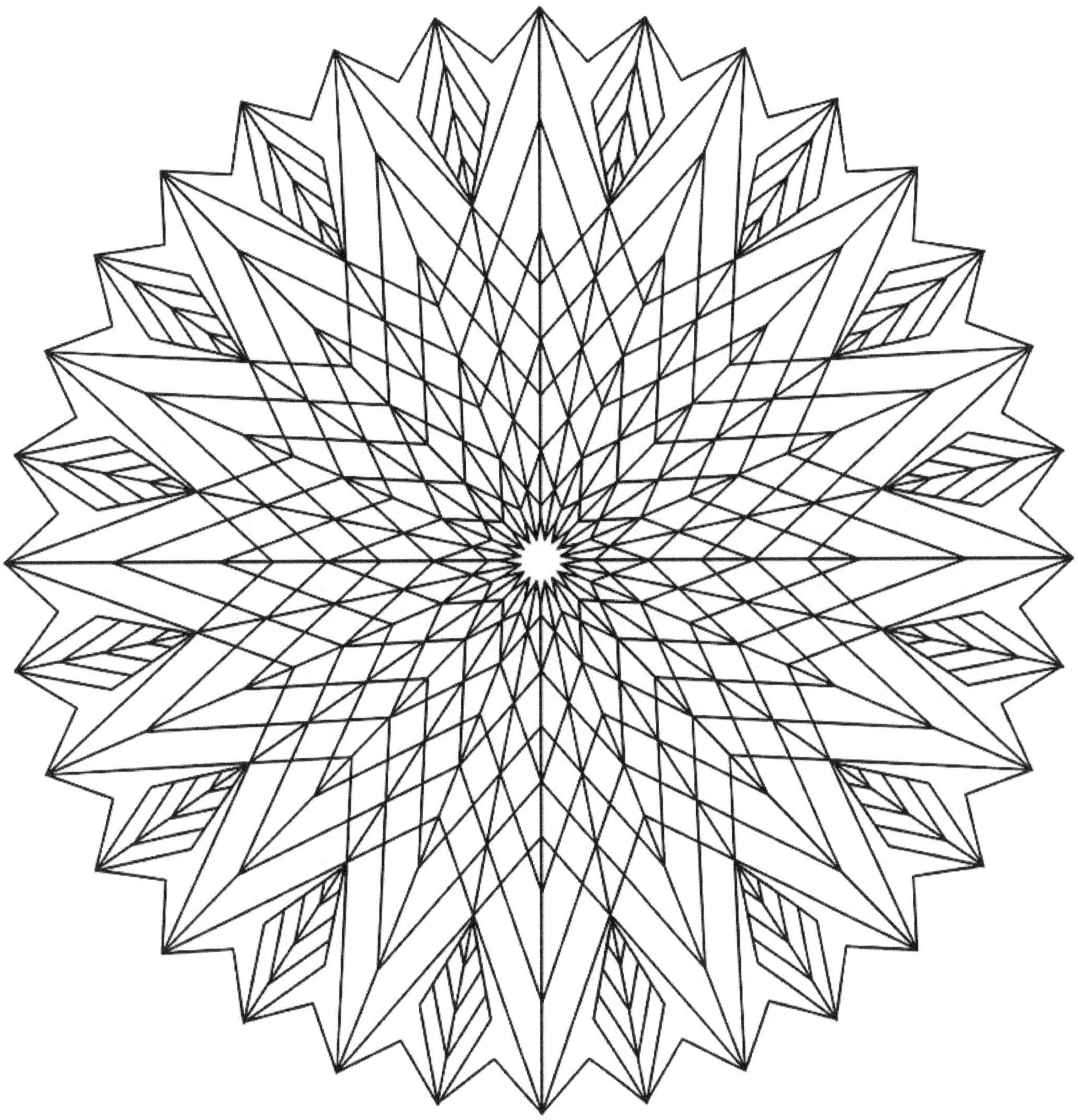

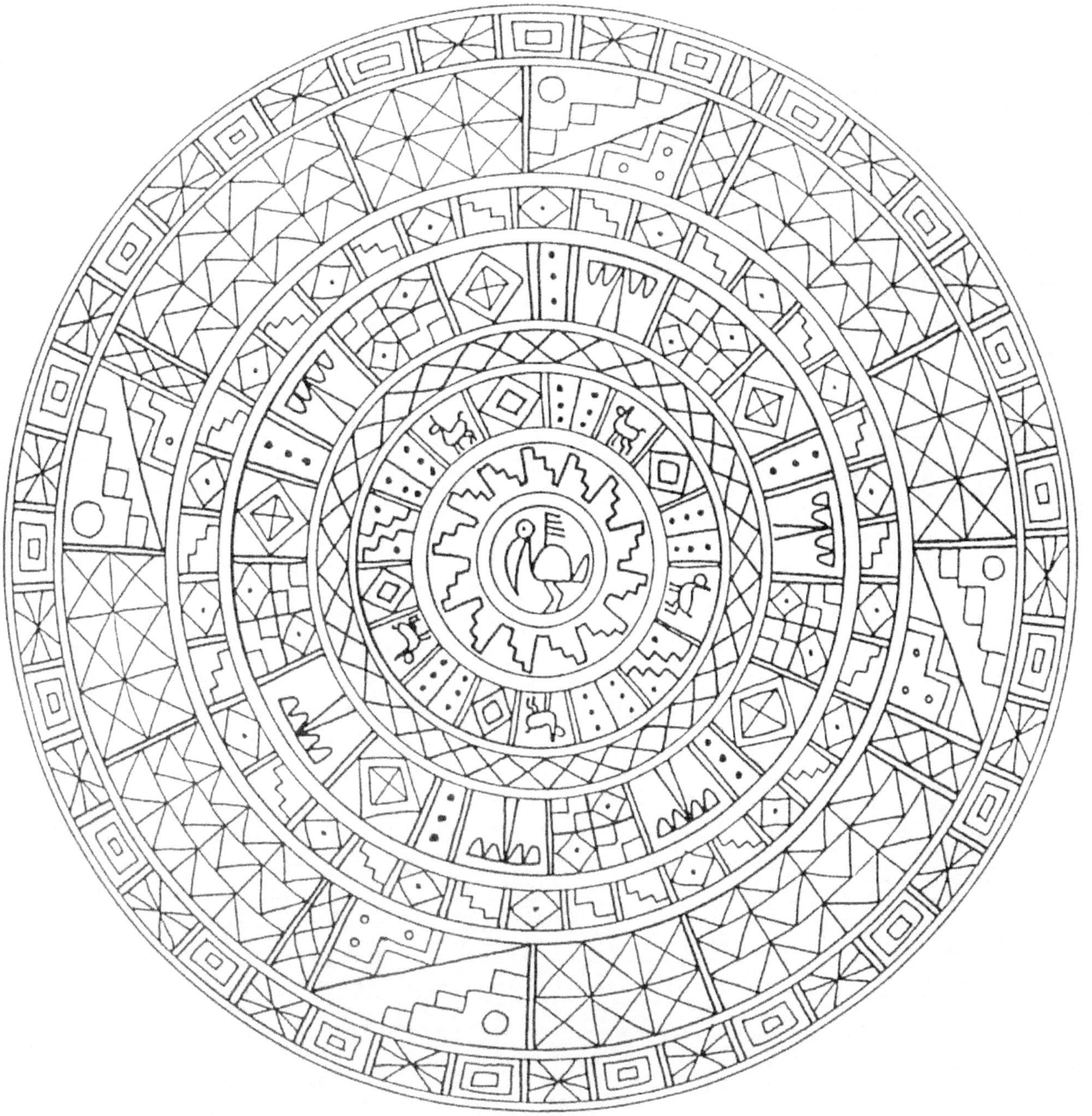

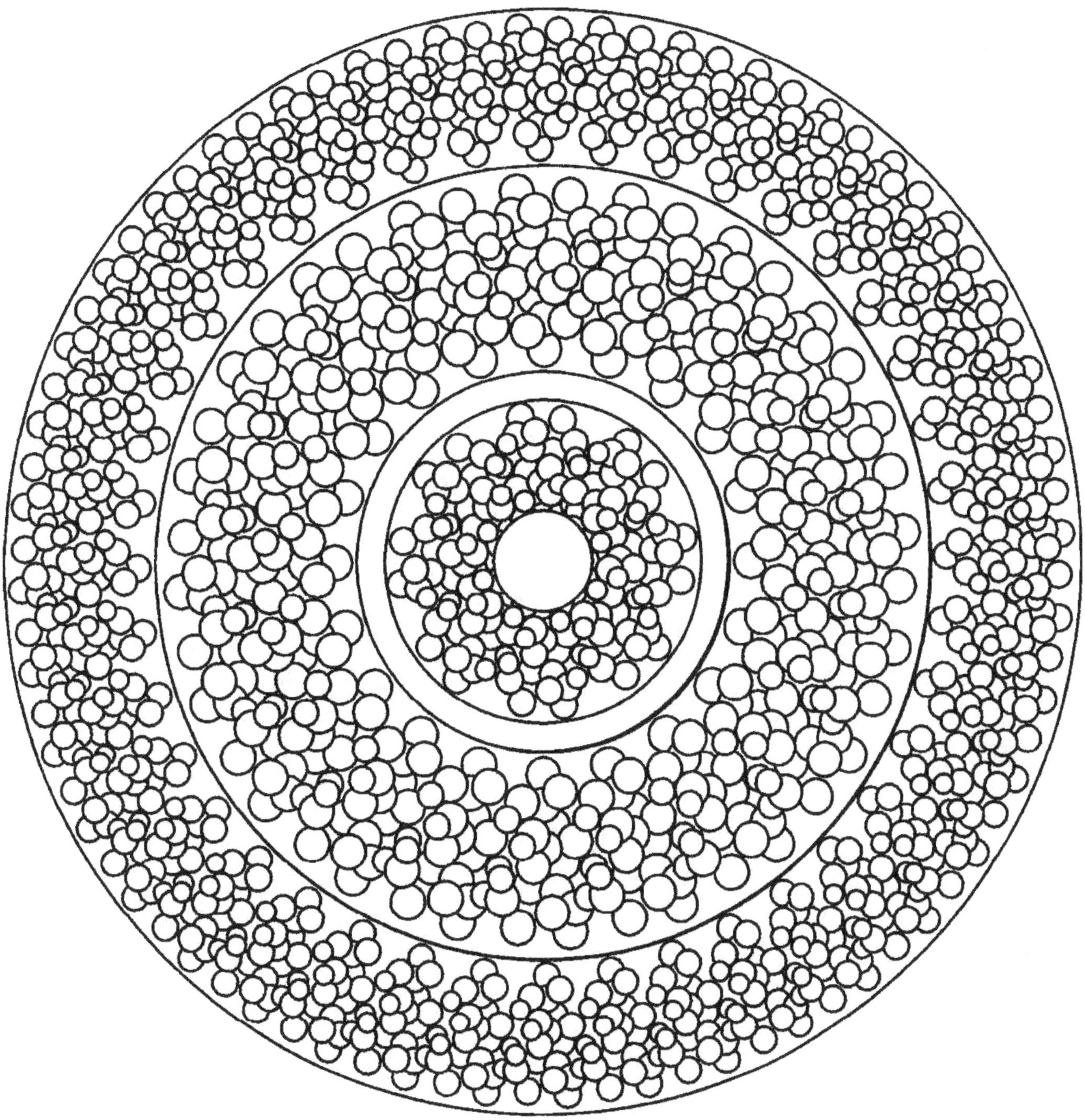

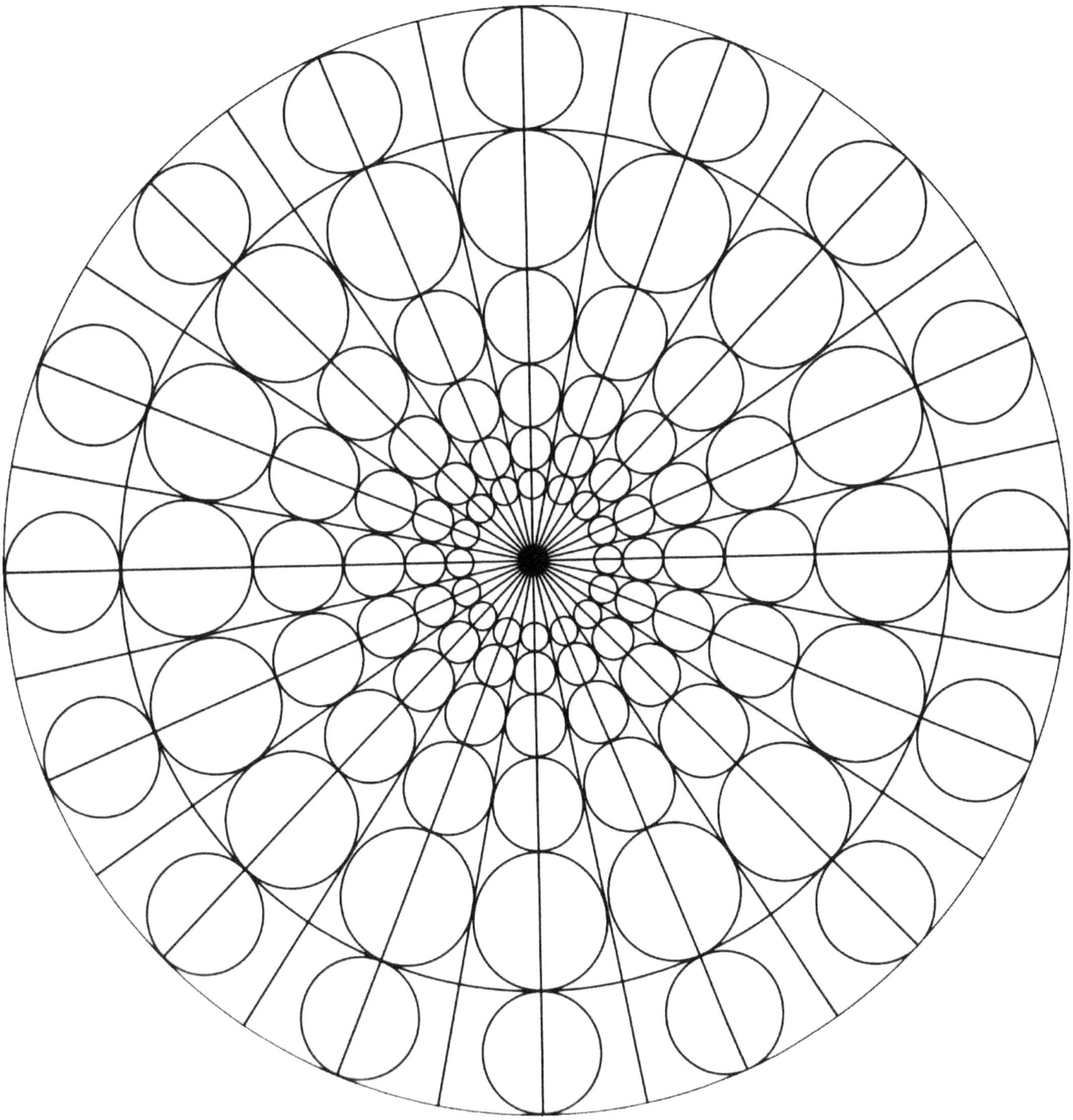

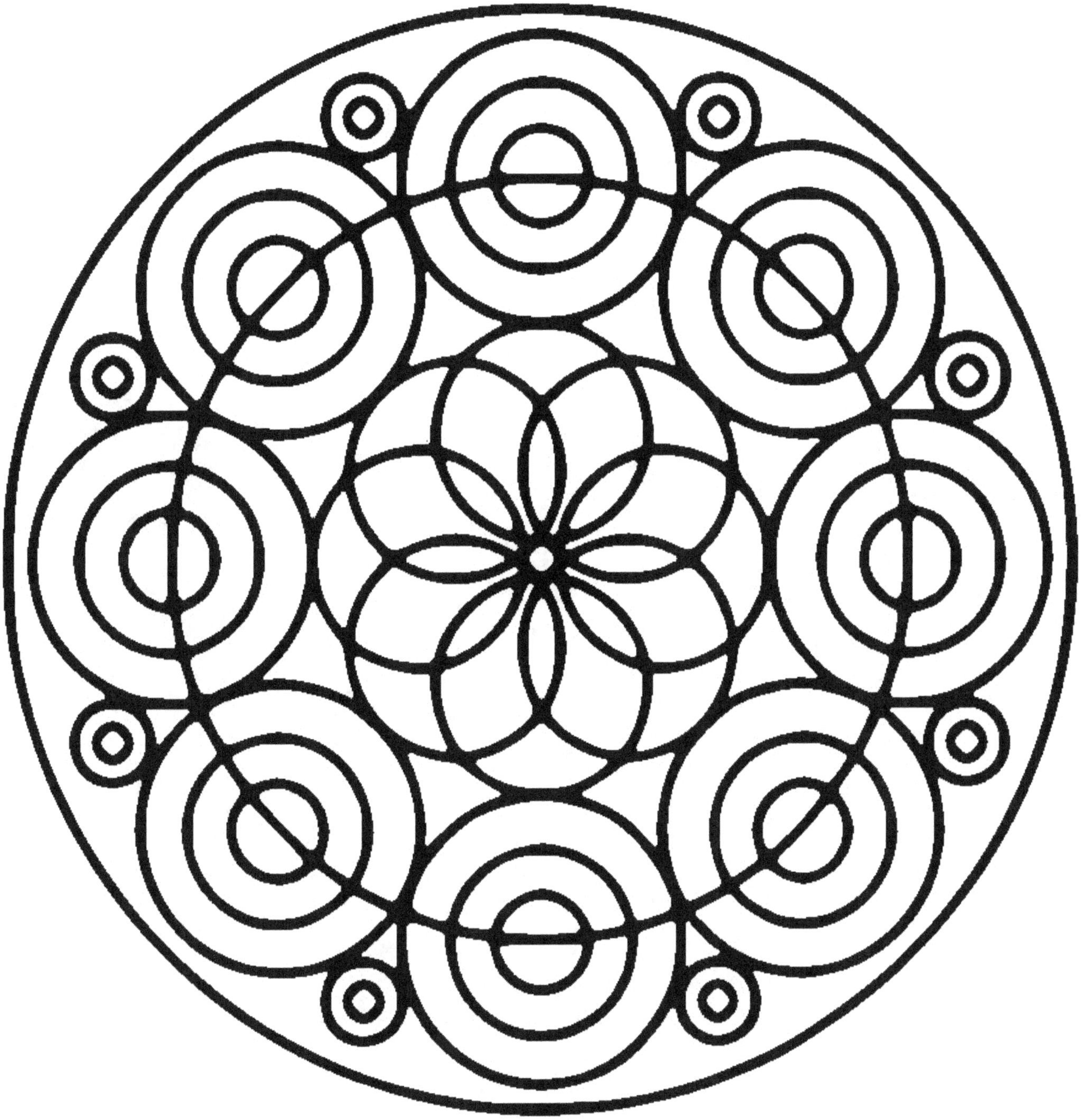

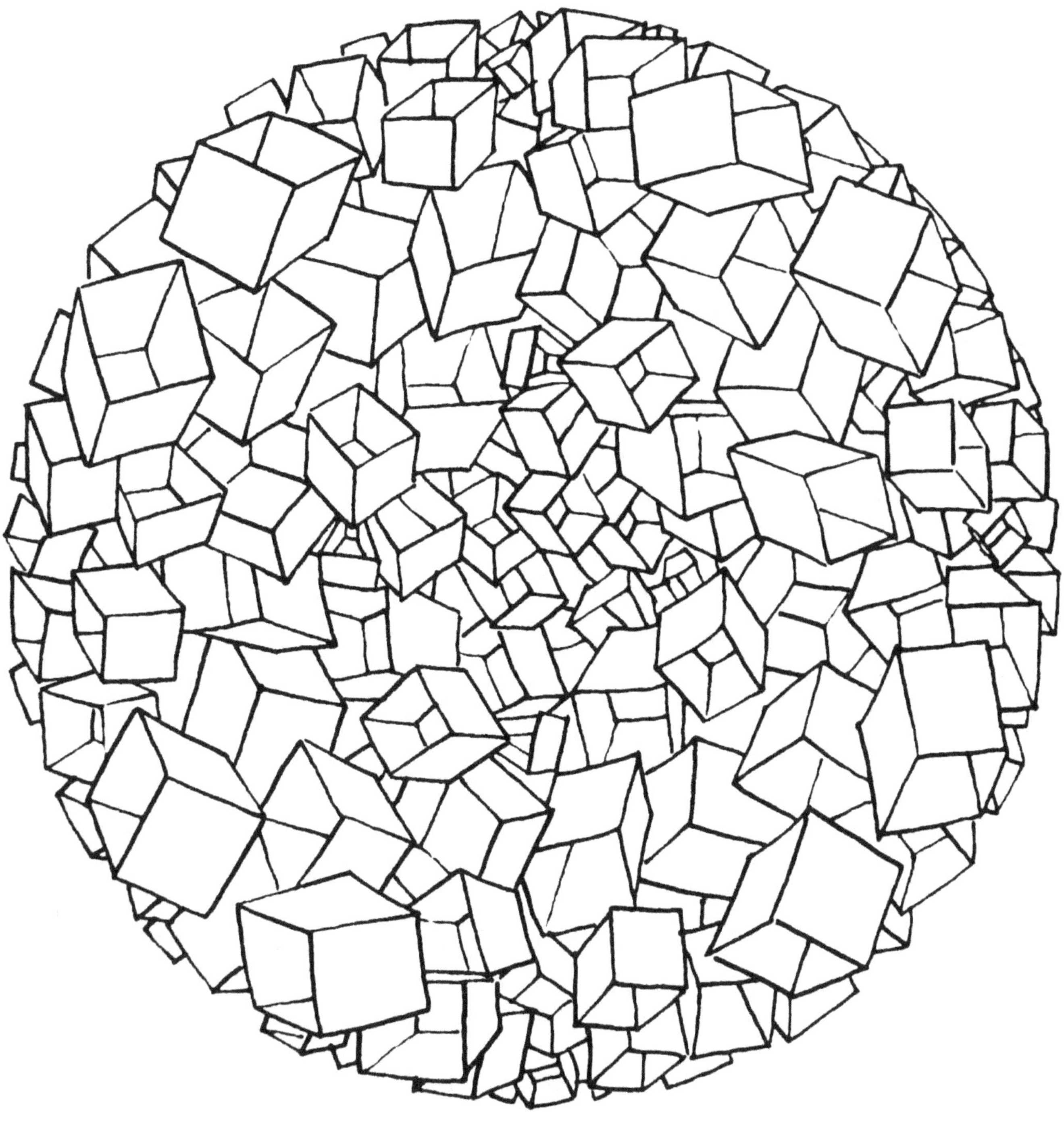

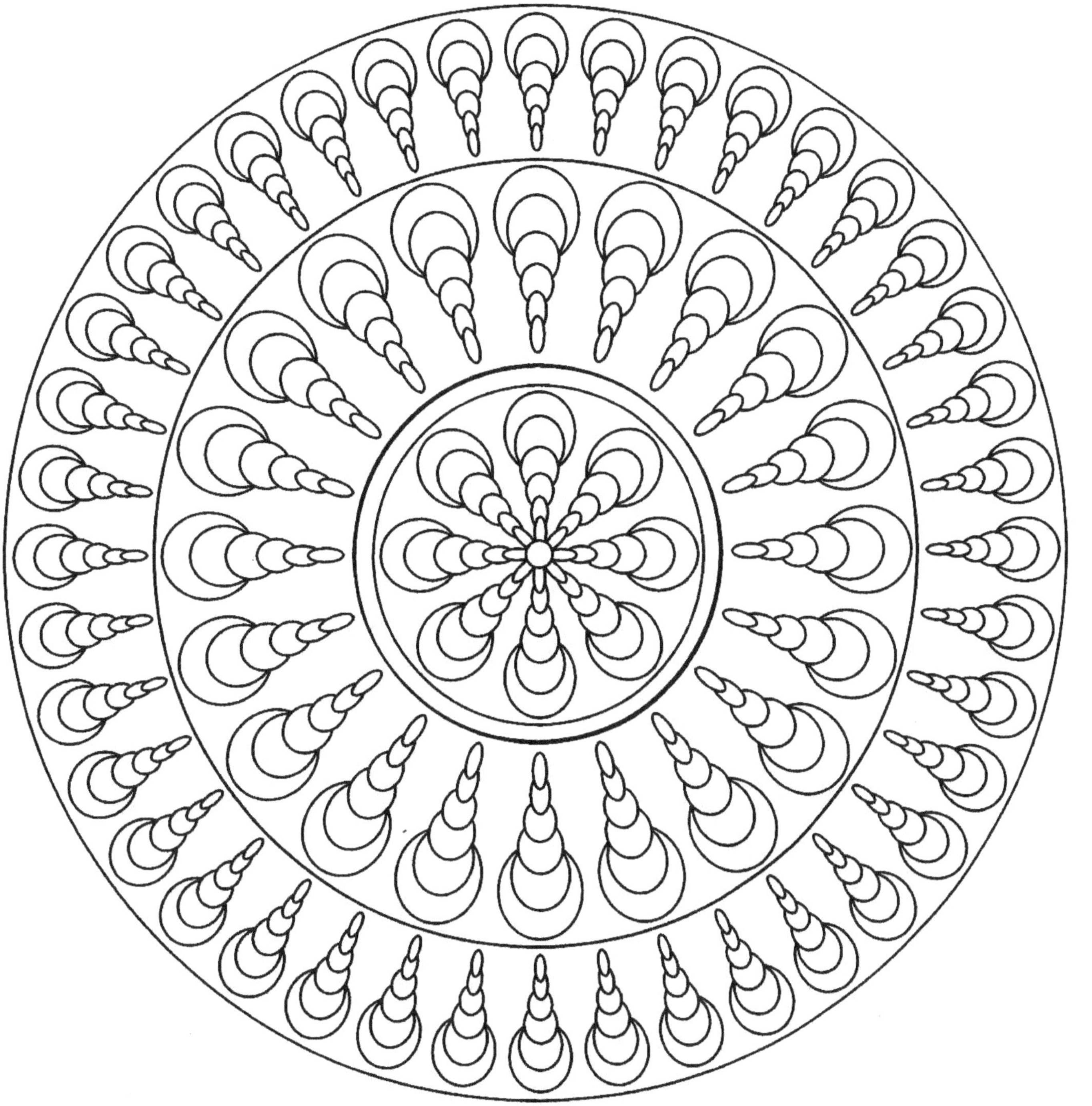

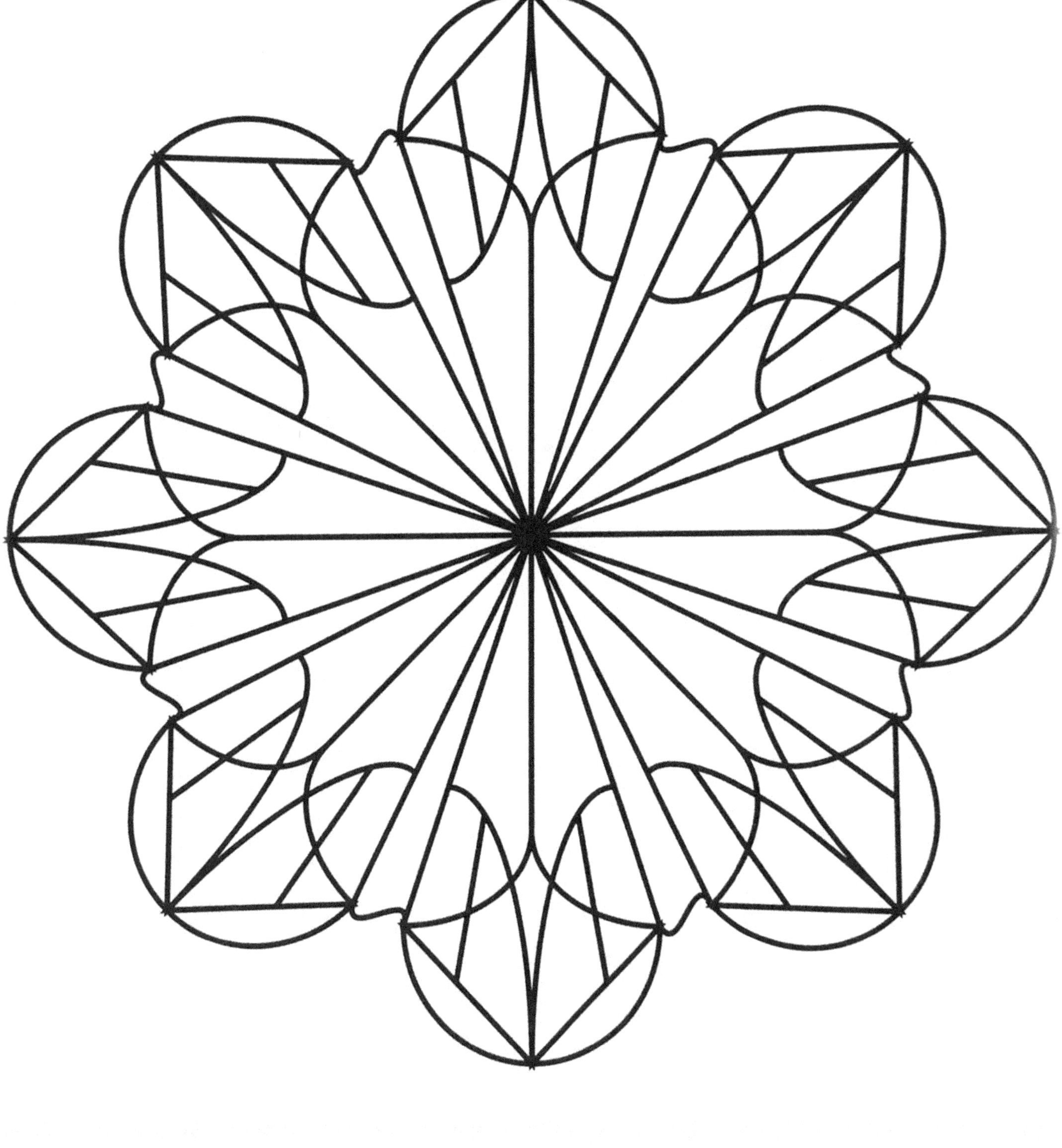

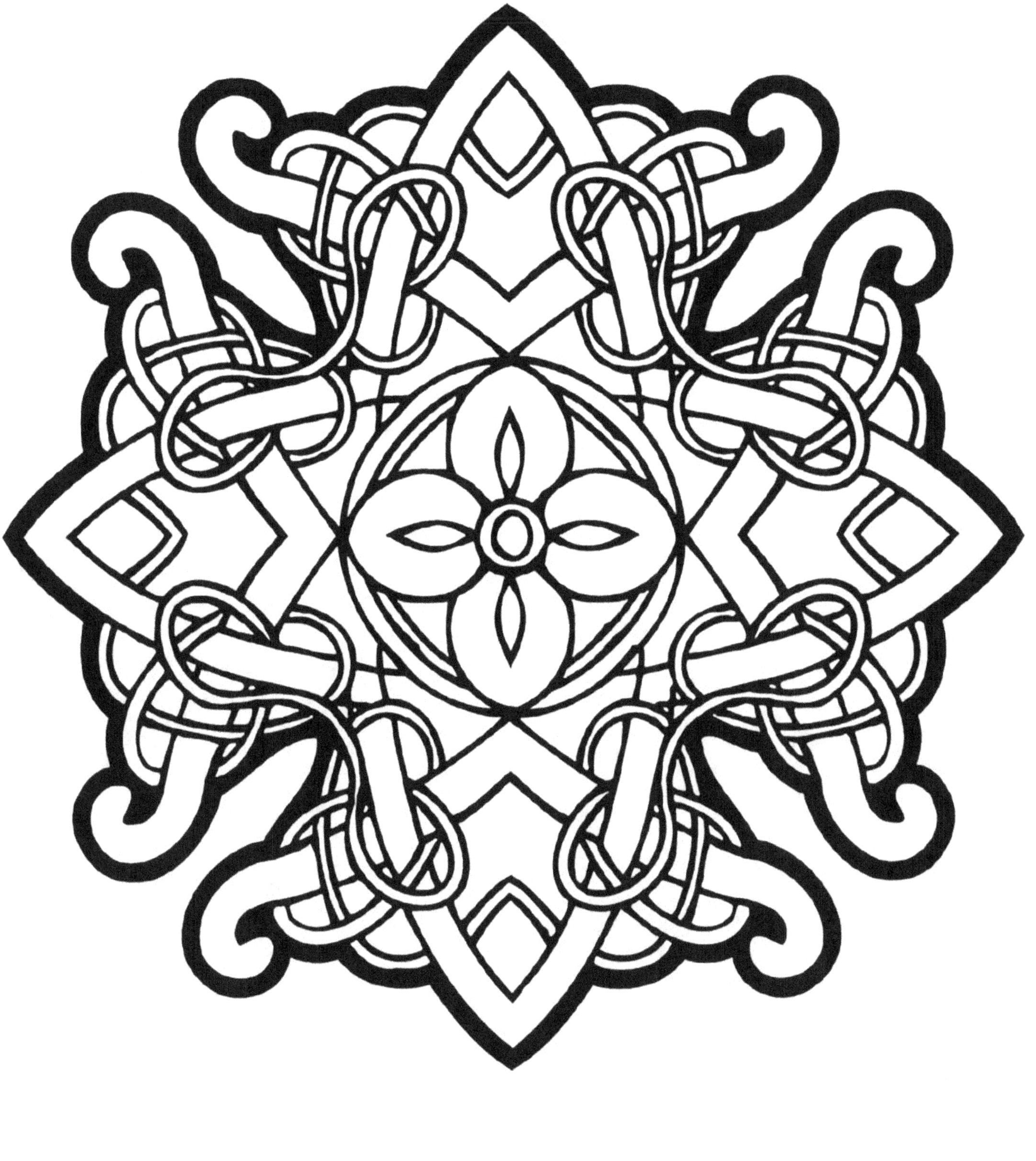

www.ingramcontent.com/pod-product-compliance
Lightning Source LLC
Chambersburg PA
CBHW080533220526
45465CB00006B/2690
* 9 7 9 8 6 4 5 3 7 4 5 8 7 *